AF243327

Or
323

QUELQUES RÉFLEXIONS

SUR

LES DROITS AU TRÔNE

DE PORTUGAL.

IMPRIMERIE DE PIHAN DELAFOREST (MORINVAL),

RUE DES BONS-ENFANS, N°. 34.

QUELQUES RÉFLEXIONS

LES DROITS AU TRÔNE

DE PORTUGAL.

PARIS.

DELAFOREST, LIBRAIRE, PLACE DE LA BOURSE,
RUE DES FILLES-SAINT-THOMAS, N°. 7.

1829.

QUELQUES RÉFLEXIONS

SUR

LES DROITS AU TRÔNE

DE PORTUGAL.

LE monstre qu'on appelait, dans le siècle passé, du nom de philosophie, et qui, en minant les bases de la société, avait préparé le bouleversement de tous les États, n'a été dévoilé, et reconnu par les peuples, qu'après avoir précipité la France, son berceau, dans un abîme horrible, et menacé le monde *d'en faire le tour.*

C'est alors qu'une immense majorité dans tous les peuples, s'est soulevée contre lui : la sagesse et la fermeté des souverains, en dirigeant la marche de la contre-révolution, l'ont conduite à la victoire, et le monstre a péri.

C'est en vain que depuis 1815, époque à laquelle il avait succombé devant les principes de la légitimité et de la justice, il a encore essayé, de temps en temps, de relever quelques-unes de ses mille têtes : la même sagesse, la même fermeté des souverains, qui avaient refusé, en 1815, de transiger avec lui, l'ont encore étouffé en 1817, 1823 et 1825; car les souverains ont senti qu'il fallait ou l'anéantir ou s'en laisser dévorer.

Qu'y a-t-il de plus glorieux dans les annales de l'histoire française ou dans celles de l'empire autrichien, que la guerre de l'une de ces puissances en Espagne, et celle de l'autre en Italie : lorsque, sans aucun objet d'ambition ni d'intérêt, et en faisant au contraire d'immenses sacrifices au bien général de la société humaine, elles allèrent rendre deux des plus beaux pays du monde à l'empire salutaire de l'ordre et de la loi ?

La Russie et la Prusse ont également maintenu les principes proclamés par cette alliance, si justement appelée sainte alliance, et aucune des puissances alliées n'en ayant jamais dévié un seul moment, elles ont, pendant quinze ans, veillé sur la tranquillité de l'Europe, et grâces à leur fermeté, nous y voyons fleurir partout l'industrie, le commerce, les arts, les sciences; quoique puissent en dire les soi-disant philosophes, les partisans effrénés de la révolution et de l'anarchie.

Il paraîtrait donc que l'empire des démagogues est fini ; que les germes de l'irréligion, de l'immoralité et de la fureur révolutionnaire, inséparables les uns des autres, sont étouffés, et que le repos du monde est, pour de longues années, assuré ; si l'un des plus beaux royaumes du monde civilisé ne se trouvait pas fournir des motifs de crainte et de doute sur la solidité et l'invariabilité des principes qui ont jusqu'ici régné dans les cabinets d'Europe.

Comment un prince appelé au trône de ses ancêtres par les lois fondamentales de son royaume, par sa naissance et par son peuple ; un prince qui, en y montant, arrache encore une dernière tête à l'hydre révolutionnaire, et se déclare franchement pour les principes de la sainte-alliance, qu'il commence par soutenir vigoureusement ; comment un tel prince peut-il devenir l'objet d'une question de légitimité ? comment peut-il fournir aux rois, ses frères, le moindre motif de se refuser à le reconnaître comme tel ?

Et voilà cependant ce que les amis de l'ordre social voient en tremblant ; voilà ce que la faction révolutionnaire de tous les pays regarde en triomphant. Un roi ! un roi légitime ! protecteur des lois anciennes, ennemi des démagogues et du jacobinisme, et qui, malgré tous ces titres à la vénération des peuples, à la sympathie des souverains, n'est point encore reconnu par les autres rois! Comme si le Portugal devait être le pays de l'Europe où les puissances alliées se proposassent de prouver, pour la première fois, que leurs principes sont susceptibles d'exceptions, et que l'influence de la faction révolutionnaire pourra désormais les en éloigner quelquefois !

Pour constater que cette crainte n'est pas dépourvue de fondement, l'on n'a qu'à examiner les faits historiques des dernières années de la monarchie portugaise : et lorsqu'on y trouvera que le titre de souverain légitime n'est disputé à S. M. le roi Don Miguel que par les factieux de ce pays, tandis que tous les bons Portugais, les amis de l'ordre et des lois, s'efforcent de défendre le droit indubitable de leur prince ; lorsqu'en même temps l'on voit que les hommes qui crient en faveur des prétentions de Don Pedro, dans tous les pays du monde, sont partisans de la même faction ; comment se défendra-t-on de la crainte que leur pernicieuse influence ne soit cause du retard que les cabinets mettent à reconnaître le roi légitime du Portugal ?

Est-ce que le cri de légitimité, dans la bouche des partisans de tout ce qui est illégitime, pourrait en imposer au monde ? Certes c'est un phénomène que ce cri ! mais que signifie-t-il ? Ni plus ni moins que ceux que jadis ils poussaient dans leur férocité extrême : et si, en 1829, ce n'est plus à la lanterne, à l'égalité, à la mort aux tyrans, qu'ils en appellent, comme en 1792, leur mot d'ordre d'aujourd'hui ne cache pourtant pas mieux leurs véritables intentions : leur hypocrisie est trop manifeste pour qu'on puisse s'y méprendre; et soit qu'on les voie en bonnets rouges, rangés autour de l'échafaud des rois; soit qu'on les voie, l'encensoir à la main, se prosterner devant une idole, qu'ils tâchent de tromper aussi, l'on sait que leur but est toujours le même : l'*anarchie*, tantôt sous le nom de république, tantôt sous celui de constitution !

Cependant, comme les événemens ont contribué aussi à propager dans le monde la fausse idée que les factieux travaillent tant à y répandre sur la question de droit, suscitée en Portugal; et comme cette question est de la dernière importance, nous nous proposons de l'examiner encore; quoique des investigateurs bien plus habiles l'aient déjà si souvent illustrée, et que nous sentions ne pouvoir ajouter que peu de choses à ce qu'on a déjà mieux dit en sa défense. Après cet examen de la question de droit *a priori*, nous nous occuperons des événemens qui peuvent avoir contribué à la dénaturer, et finalement des moyens que les factieux ont employés et emploient pour donner à leur cause l'apparence de la loyauté, et pour gagner la bienveillance des souverains et des peuples, qu'ils s'efforcent de tromper par leurs déclamations et leurs sophismes.

D'abord il faudra déterminer la signification précise du mot légitimité dans son application à la succession des maisons régnantes.

Il est évident que la théorie générale des successions *ab intestat* sert aussi de base à la succession légitime des rois. Mais comme cette théorie est, pour les sujets, modifiée par la législation de chaque État, ainsi l'est-elle pareillement dans son application aux familles régnantes, par les lois qui, dans chaque monarchie, règlent et fixent la succession au trône. Ces lois sont appelées lois fondamentales de la monarchie : elles ont pour les princes la même force que le Code civil a pour les particuliers ; elles sont invariables et imprescriptibles.

La légitimité d'une succession au trône dépendra donc de la loi fondamentale de la monarchie. Personne n'a jamais mis cette vérité en doute ; personne n'a jamais prétendu qu'une princesse ne pourrait être reine légitime d'Angleterre ou de Portugal, parce que les lois fondamentales de ces royaumes permettent la succession des femmes au trône ; et personne ne prétendra jamais que la même chose ait lieu en

France, où la loi salique exclut les femmes de la succession.

Ce qui est vrai pour la règle, est vrai aussi pour les exceptions ; et si la loi fondamentale d'une monarchie indiquait des cas où l'héritier présomptif de la couronne dût perdre son droit à la succession, cette loi aurait pour le prince en question la même force qu'aurait pour un particulier une disposition du Code civil, par laquelle il dût perdre, en de certains cas, un héritage qui, d'après la règle générale du même Code, lui eût été assuré.

Voyons à présent l'application de ces principes au cas donné du royaume portugais.

Il existe en ce royaume une loi fondamentale qui y détermine la succession au trône (loi dont même ceux qui voudraient l'anéantir n'osent pas nier l'existence) ; cette loi a pour objet principal d'empêcher qu'aucun étranger ne puisse jamais, sous quelque prétexte que ce soit, aspirer à la couronne de ce pays.

Les législateurs qui ont fait cette loi, ont été tellement jaloux de la nationalité des souverains portugais, qu'ils ont exclu de la succession jusqu'aux princesses héritières, qui épouseraient un prince étranger (bien qu'un tel prince ne deviendrait pas, en vertu de son mariage, roi régnant du Portugal). Enfin, la tendance de la loi de Lamego est extrèmement clair; personne ne saurait en douter, et cependant la mauvaise foi des révolutionnaires, qui n'a pas osé disputer l'existence de cette loi, a essayé plusieurs fois de l'expliquer de manière à lui supposer un autre esprit que celui d'éloigner à jamais tout étranger du trône portugais. Ils prétendent que, comme la loi n'a spécifié *qu'un* cas d'exclusion, celui du mariage d'une princesse portugaise avec un étranger, aussi n'est-elle applicable qu'à ce seul cas. Mais c'est là la plus grande inconséquence qu'on ait jamais voulu attribuer à l'esprit d'une loi. Comment! la loi fondamentale du royaume défend le mariage des princesses avec des princes étrangers, *afin qu'aucun étranger ne puisse venir régner sur les Portugais;* et la même loi permettrait qu'un étranger y régnât par tout autre moyen que celui d'un mariage? La supposition est on ne peut pas plus absurde; elle serait incompréhensible, si l'on n'avait pas vu tant d'autres sophismes et de faussetés, enfantés par la même faction. Mais, en cette occasion, il paraît que sa propre mauvaise foi la trahit. D'où vient cette chaleur des révolutionnaires à disputer à la loi fondamentale de leur patrie l'esprit d'exclusion pour les étrangers? Nous ne sommes pas encore arrivés à la question de savoir si leur idole, l'empereur D. Pedro, est ou n'est pas étranger au

Portugal ; mais ce zèle de ses partisans à disputer l'esprit de la loi qui doit le priver de la succession, si réellement il se trouve être étranger, ce zèle ne prouve-t-il pas qu'ils reconnaissent eux-mêmes que l'empereur indépendant du Brésil n'est plus qu'un prince étranger au Portugal? Cependant ne nous occupons plus de ce qui se passe dans l'intérieur de leur conscience, ni de ce que leur faux zèle en laisse quelquefois paraître : examinons nous-mêmes si l'empereur D. Pedro est ou n'est pas étranger au Portugal, et s'il s'est mis lui-même, ou non, sous l'atteinte précise de la loi fondamentale de ce royaume.

Don Pedro, fils aîné de S. M. le feu roi don Jean VI, né en Portugal, était sans-aucun doute l'héritier légitime de la couronne portugaise.

La loi fondamentale de la monarchie ne pouvait donc être applicable à ce prince, que dans le cas qu'il se constituât lui-même étranger, et que par conséquent il se mît volontairement sous l'atteinte de ladite loi.

Serait-il nécessaire de récapituler ici les premiers principes du droit public, d'après lesquels le citoyen d'un État devient étranger à sa patrie et y perd tous ses droits dès qu'il se fait naturaliser dans un autre État, qu'il y accepte des places, ou en porte les armes sans la permission expresse de son souverain? Tout le monde sait trop bien qu'on peut être né dans un pays et lui devenir étranger par trop de voies, pour qu'il soit nécessaire de les spécifier toutes. « Mais ceci ne regarde que les particuliers; quelle est donc la loi qui prive un prince de ses droits pour cause d'expatriation? » A cela, nous répondons que c'est la même loi qui en prive le particulier; car, ainsi que celui-ci, le prince aussi est sujet jusqu'au moment où il monte sur le trône; et ce qu'il a perdu étant sujet en sa patrie, de quel droit le redemanderait-il, fût-il devenu souverain de dix monarchies étrangères? Ceci s'entendrait donc même dans le cas où aucune loi fondamentale n'existerait dans un royaume pour en régler la succession.

Mais peut-être demandera-t-on une loi qui détermine quand et comment le prince héréditaire d'une monarchie devra être considéré comme expatrié, avant de lui appliquer celle qui doit le priver de ses droits.

S'il y a des pays qui possèdent des lois positives pour un cas pareil, c'est assez singulier; car quel est le législateur qui puisse prévoir ou s'imaginer qu'un jour l'héritier d'un trône voudra lui-même s'expatrier ou se rendre coupable au point d'être considéré comme expatrié? Il paraît donc impossible que dans la théorie générale du droit public il y ait des dispositions pour marquer les cas où un prince héritier d'une couronne devra être regardé comme étranger à sa patrie. Ce qui est contre la nature des choses en général ne saurait être prévu par la loi : voilà pourquoi les Romains n'en avaient point contre le parricide, et voilà pourquoi l'action d'un prince qui, contre son propre intérêt, sa gloire et tout ce qu'il y a de plus sacré au monde, devient l'ennemi de sa patrie et déchire la monarchie qui devait un jour être son héritage, ne saurait être prévue par les hommes, ni, par conséquent, être qualifiée par leurs codes. Mais, parce qu'il n'y a pas de loi écrite pour déclarer étranger un prince devenu traître à sa patrie, n'y aurait-il pas non plus de loi naturelle qui le condamnât ? Le cri de la nature ne s'élève-t-il pas contre de pareils forfaits, comme contre le parricide ? A-t-on besoin de tribunaux, de savans, ni de codes, pour obtenir un jugement contre un prince qui emploie l'épée que la Providence lui a confiée pour défendre sa patrie, à lui porter lui-même des coups mortels ? Ou n'est-ce pas la voix unanime de tous les peuples qui prononce ce jugement sans autre appel que celui dont la source se trouve dans le cœur de tout ce qui porte figure humaine, depuis le citoyen du monde policé jusqu'au sauvage habitant des forêts et des déserts ?

Qu'on se rappelle les cris unanimes de toute l'Europe lors de la révolution du prince D. Pedro contre son père, son roi et sa patrie, et l'on verra que ce tableau de l'indignation universelle qu'excite un prince traître à sa propre patrie n'est pas exagéré.

Mais qu'avait fait D. Pedro pour exciter contre lui cette indignation, même dans les pays les plus éloignés du Portugal? Voyons les faits historiques, et si nous nous sentons forcés à reconnaître la justice de la voix qui le condamnait alors, et qui, d'un bout du monde à l'autre, le déclarait étranger à sa patrie; pourrons-nous nous empêcher de le regarder encore comme tel? et pourra-t-on nous faire accroire que de tous les peuples celui qui y était le plus intéressé, que les Portugais aient seuls contemplé avec indifférence la conduite du prince héréditaire de la monarchie; qu'ils ne l'aient pas désigné depuis lors, non seulement comme étranger, mais aussi comme ennemi de leur patrie; qu'ils n'aient pas voulu lui appliquer leur loi fondamentale, et qu'ils n'eussent pas préféré d'avoir pour roi un prince réellement étranger à celui qui, né en Portugal, s'était rendu si indigne du nom de fils de la patrie!

Le feu roi D. Juan VI, se voyant obligé, pour rétablir la tranquillité de son royaume en Europe, qui alors se trouvait en proie à l'anarchie, d'y retourner lui-même, chargea l'héritier de la monarchie, le prince royal D. Pedro, de veiller à la tranquillité de ses magnifiques possessions dans l'autre hémisphère. A peine le roi eut-il quitté le Brésil, que le prince son lieutenant commença à lui désobéir, en prenant pour prétexte la révolution portugaise, qui, disait-il, tenait le roi enchaîné. Mais la révolution du Portugal succombe devant le maître légitime ; D. Pedro n'a plus de prétexte pour désobéir à son père. Retournera-t-il à l'obéissance et à ses devoirs ? Point du tout ! Le prince-lieutenant, se trouvant déjà en pleine révolution contre son roi et son père, y persiste, déclare l'indépendance de la colonie qu'il devait garder, déchire la monarchie dont il était héritier, arrache à son père le plus beau fleuron de sa couronne, à sa patrie la plus belle colonie du monde, en prend le titre fastueux d'empereur, et jurant une haine implacable à son pays natal, finit par lui faire une guerre à outrance (1), guerre sanglante et ruineuse pour l'une et l'autre moitié de la monarchie.

Voilà des faits que le plus acharné révolution-

---

(1) Devise de D. Pedro : « L'indépendance ou la mort. »

naire ne saurait nier ; et qui est-ce qui , après les avoir contemplés , ne se sent pas contraint à avouer que D. Pedro , en se faisant l'ennemi de sa patrie , lui est à jamais devenu étranger ; qu'il le serait et qu'il y aurait perdu tous ses droits, quand même il n'y eût pas en Portugal des lois fondamentales qui l'atteignissent ? C'est là le jugement que le monde entier avait porté contre D. Pedro ; c'est celui que tous les Portugais ont confirmé, proclamé dans le temps de leurs souffrances , et celui enfin que la loi naturelle dictera toujours en de semblables cas , sans que les hommes aient besoin pour cela de l'insérer dans leurs codes.

Mais, il y a plus : supposons pendant un instant que les faits historiques que nous venons de citer soient faux , ou que les conséquences que nous en avons tirées soient erronées , ou qu'il n'y ait pas de loi naturelle , ou que le jugement des peuples ne soit d'aucune valeur : supposons qu'on nous demande d'établir d'une manière entièrement juridique , sans raisonner , ni philosopher , ni parler de loi naturelle , que D. Pedro est devenu étranger au Portugal. Manquerons-nous de documens authentiques , de déclarations faites à la face de l'univers pour prouver que ce prince s'est reconnu lui-même comme étranger au Portugal ; que le feu roi son père l'a reconnu comme tel , et que c'est sous cette condition que fut signé le nouveau contrat social qu'il forma avec le Brésil?

Nous n'avons pas besoin de citer les passages de la reconnaissance de D. Pedro comme empereur du Brésil, ceux de la constitution brésilienne et des proclamations de ce prince, ni beaucoup d'autres qui prouvent d'une manière incontestable, que D. Pedro, empereur indépendant et constitutionnel du Brésil, est un prince étranger au royaume de Portugal, non seulement d'après la loi de la nature et du sens commun, mais aussi en vertu de traités et d'institutions, conclus et octroyés par lui. Ces choses sont de toute évidence.

Mais s'il est vrai, comme nous venons de le voir, que D. Pedro est devenu prince étranger au Portugal, et qu'il y a en ce royaume des lois fondamentales qui défendent qu'aucun prince, qui n'est pas Portugais, y monte jamais sur le trône, il s'ensuivra nécessairement :

1°. Que D. Pedro, atteint par cette loi fondamentale comme étranger, a perdu le droit à la succession portugaise, qu'il possédait comme prince portugais et fils aîné du feu roi.

2°. Que Dona Maria da Gloria n'ayant pu hériter des droits de son père, puisqu'il les avait perdus pour lui et ses descendans, l'abdication de celui-ci en faveur de cette princesse ne lui octroie aucun droit à la couronne portugaise.

3°. Que le trône de Portugal se trouvant vacant par le décès du roi D. Juan VI, le seul héritier légitime de ce trône pouvait être celui des descendans du feu roi, que les lois fondamentales du royaume indiquaient comme tel, après avoir frappé d'exclusion le prince qui avait été autrefois l'héritier présomptif de la monarchie. Qu'en vertu de ces lois, le frère cadet dudit héritier présomptif, l'infant D. Miguel, acquérait le droit de cette succession, que par conséquent il en devenait l'héritier légitime, d'où il suit:

4°. Que ce prince est aujourd'hui roi légitime de Portugal.

Malgré l'extrème clarté de ce raisonnement, malgré l'évidence de ces preuves et de leurs conséquences, nous ne sommes pas étonné de voir que les partisans de la révolution s'efforcent encore d'attaquer le droit incontestable de S. M. D. Miguel, et de défendre les prétentions de l'empereur du Brésil.

Le prince qui, par le moyen d'une révolution contre son roi et son père, s'est assis sur un trône dont il l'avait précipité; qui pour s'affermir sur ce trône, a lui-même proclamé dans son nouvel empire les principes de la révolution, et qui croyant pouvoir en faire autant dans sa malheureuse patrie, où il savait bien n'avoir d'autres partisans que ceux de l'anarchie : ce prince doit certainement mieux convenir à la faction révolutionnaire du Portugal que celui qui, après avoir donné plusieurs fois des preuves de sa haine pour le jacobinisme, a commencé son règne par exterminer ce monstre en ses États. Il n'est donc nullement surprenant que les factieux emploient les sophismes, le mensonge et jusqu'à la calomnie pour combattre les argumens solides de leurs adversaires et pour tromper les cabinets et les peuples.

Mais serait-il possible que l'Europe écoutât les factieux sans les pénétrer? Serait-il possible que leurs cris et leurs intrigues y fissent plus d'impression que l'exposition simple et claire de la vérité, et qu'une question de droit fût jugée, non d'après la loi compétente du pays qui y est principalement intéressé, mais d'après les désirs de ceux qui voudraient anéantir cette loi, et qui, s'ils réussissaient une fois à détruire le principe de la légitimité, en viendraient bientôt aux horreurs dont jadis ils ont rempli le monde?

Déjà l'indécision apparente des cabinets européens sur les affaires du Portugal a fourni de nouvelles espérances aux révolutionnaires de tous les pays du monde. Seraient-ce donc leurs importunités et leurs machinations qui auraient obscurci

BIBLIOTHÈQUE ROYALE

l'évidence des droits d'un souverain légitime? Seraient-ce bien eux qui auraient fait suspendre la décision des autres souverains en faveur de la justice et de la légitimité? Ou sont-ce des événemens et des circonstances antérieurs à l'origine de la question actuelle qui ont seuls produit cet effet? Événemens qui n'auraient dû jamais avoir lieu, et qui, si la question du droit de succession au trône de Portugal eût été dûment considérée et examinée, lorsqu'il en était temps, ne seraient pas arrivés pour entraver la marche naturelle des affaires et à fournir à une faction audacieuse des prétextes pour cacher ses véritables motifs et ses véritables intentions.

L'Europe n'avait pas encore oublié les torts de D. Pedro envers son auguste père lorsque celui-ci reconnut son fils, soit par amour paternel, soit pour rendre la paix à ses États dans les deux hémisphères, comme empereur du Brésil. Peu de temps après cette reconnaissance, le roi D. Juan VI se voyant menacé d'une mort prochaine, déclara (à ce qu'on a assuré) (1) D. Pedro héritier de la

---

(1) L'existence de cette déclaration du feu roi n'est nullement prouvée; mais nous voulons bien l'admettre comme véritable, puisqu'elle ne change en rien la nature de la question; car, ou D. Pedro avait *encore* son

couronne, et nomma une régence pour gouverner le royaume jusqu'à ce que les ordres du nouveau souverain fussent arrivés du Brésil.

La régence, sans examiner si les lois fondamentales s'opposaient ou non à l'exécution de la volonté du roi ; si cette volonté de S. M. violait ou ne violait pas des droits déjà acquis par un autre prince : la régence, animée peut-être de l'espoir de voir l'ancienne monarchie portugaise de nouveau réunie sous une seule couronne, envoya une députation à Rio de Janeiro pour faire hommage à D. Pedro comme souverain de l'héritage entier de son père.

Pour examiner et qualifier cet acte de la régence, événement qui a le plus contribué à susciter des doutes sur les droits indubitables du roi D. Miguel, il faudra répéter ici quelques-uns des points dont nous avons parlé plus haut.

Nous avons vu que D. Pedro, devenu, depuis le commencement de sa guerre contre le Portugal, et particulièrement depuis sa reconnaissance

---

droit à la succession, en vertu de sa primogéniture, et en ce cas aucune déclaration du roi son père n'eût pu l'en priver ; ou il avait perdu ce droit, d'après les lois fondamentales du royaume ; et alors aucune déclaration du feu roi, en sa faveur, ne pouvait le lui rendre.

comme empereur indépendant du Brésil, par le roi D. Juan VI, essentiellement étranger au Portugal, avait été, en cette qualité, atteint par la loi fondamentale de ce royaume, qui exclut de la succession au trône tout prince étranger. Or, cet état de choses existait du vivant de D. Juan VI; donc la question sur la succession au trône portugais était décidée de droit avant que ce souverain ne déclarât D. Pedro pour son successeur, c'est-à-dire, que l'infant D. Miguel se trouvait être, d'après la loi fondamentale, héritier présomptif de la couronne, aussitôt après la reconnaissance de D. Pedro comme empereur du Brésil. Maintenant il s'agit de savoir, 1°. si le roi pouvait par sa dernière volonté, ou par quelque déclaration que ce fût, priver un prince de la succession que la loi lui décernait; 2°. si l'acte de la régence reconnaissant D. Pedro comme roi, était un acte légal et valable, ou si c'était un acte illégal, et par conséquent nul.

On a déjà vu la définition de notre principe sur la nature des lois fondamentales des monarchies. Les lois ayant été formées par les fondateurs de la monarchie, c'est-à-dire par le roi et la nation conjointement, elles doivent être considérées comme le contrat social qui existe entre le roi et le peuple, comme la base de la société qui ne peut être soumise à aucun changement, à moins que ce ne soit avec le consentement mutuel du prince et des sujets. D'ailleurs, il est évident que si le roi avait le droit de changer la loi fondamentale sans le consentement de la nation, ce serait la même chose que si la loi n'avait jamais existé ; et la dénomination de loi fondamentale ne serait plus qu'un vain son de voix sans aucune signification réelle (1).

Or, comme pour déclarer l'empereur du Brésil héritier de la monarchie portugaise, le roi don

---

(1) Est-ce que les soi-disant libéraux oseraient nier cette vérité ? Comment ! que sont donc leurs constitutions, si ce ne sont pas des lois fondamentales, et la première base de ces constitutions, n'est-ce pas d'être immuables ? ou bien concèdent-ils au souverain le droit de les changer à son plaisir ? Si ceci est, nous n'avons plus rien à leur dire ; mais s'ils soutiennent que le souverain ne peut rien y changer sans le consentement des états, chambres, parlemens, cortès, ou comme ils voudront, ils seront forcés à avouer qu'un souverain n'a pas plus le droit de changer une constitution ancienne qu'une constitution moderne. D'ailleurs l'ancienneté des lois, surtout en droit public, n'a jamais fait, dans aucun État, qu'augmenter le respect pour elles, parce qu'elles sont sanctionnées et approuvées par l'expérience des siècles passés, tandis que les lois nouvelles ont encore besoin de prouver leur mérite et leur utilité par l'expérience des siècles à venir.

Juan VI devait violer, et même annuler les lois fondamentales du Portugal, et que S. M. n'avait pas le droit d'y rien changer sans le consentement des États, il en résulte assez clairement que sa déclaration était nulle, de même que l'eût été toute autre déclaration par laquelle S. M. aurait voulu nommer toute autre personne que celle que la loi marquait comme son successeur légitime.

La vérité de cette assertion aurait-elle échappé à la régence lorsque celle-ci agit d'après la volonté du roi, quoique cette volonté fût en opposition directe avec les lois fondamentales du royaume?

Certes, il n'est pas à présumer que la régence ait ignoré l'immense faute qu'elle commettait en reconnaissant D. Pedro, faute qui n'en aurait pas été moins grande, quand le respect pour la volonté d'un maître mourant et le désir patriotique de réunir de nouveau les parties séparées de la monarchie, eussent été, comme nous nous plaisons à croire, les seuls motifs qui auraient dicté cette mesure. Car supposons même que le cas n'eût pas été aussi simple qu'il l'était, et que la question de droit eût été susceptible, pour des personnes qui connaissaient les lois de Portugal, d'une interprétation en faveur de D. Pedro, aurait-ce bien été à la régence d'en décider, ou n'était-ce pas le droit indubitable des États du royaume? de ces États qui en avaient formé les lois sous D. Alphonse Ier. en 1143; qui, en 1641, les avaient confirmées et augmentées en secouant le joug espagnol, et qui, en tant d'autres occasions, ont toujours été reconnus par les souverains portugais comme l'autorité légitime, pour régler, en cas de doutes, la succession au trône portugais?

La reconnaissance que la régence a faite de D. Pedro, comme roi du Portugal, était donc, 1°. une injustice commise contre le prince qui, par les lois du royaume, était appelé au trône; 2°. une injustice contre le peuple portugais, qui, si le cas eût été le moins du monde douteux, aurait seul le droit d'en décider par ses représentans légitimes, les trois États du royaume assemblés en cortès (1).

______

(1) S'il était nécessaire d'en dire davantage sur l'illégalité des hommages rendus à D. Pedro par la régence, il serait facile de prouver que quand même les cortès de Lamego, consultées sur cette question, l'eussent décidée en faveur de ce prince, l'injustice n'en aurait pas été moins évidente; car la loi étant claire, le cas de son application l'étant également, et les cortès ne pouvant donner un avis décisif que dans un cas de doute, ces cortès n'auraient pu qu'illégalement priver de son droit un prince désigné par la loi comme héritier légitime de la couronne, et attribuer ce droit à un prince étranger,

3º. La reconnaissance de D. Pedro est donc nulle, parce qu'elle renferme une double injustice et qu'elle est fondée sur un acte qui était lui-même nul, c'est-à-dire sur la prétendue déclaration de D. Juan VI.

Or, lorsqu'une question de droit a été décidée d'une manière qui prouve même l'illégalité et par conséquent la nullité de la décision, il est évident que toutes les conséquences de cette décision doivent être regardées en droit comme nulles et d'aucune valeur.

En appliquant ce principe de morale à la question présente, il en résultera :

1º. Que l'abdication de D. Pedro en faveur de la princesse dona Maria da Gloria *n'est pas plus*

---

expressément exclu de la succession par la même loi fondamentale. Cependant, l'on ne saurait nier que les cris des révolutionnaires, en faveur de D. Pedro et de ses prétendus droits, eussent l'avantage du moins d'une apparence de justice, si les représentans légitimes du peuple portugais avaient eux-mêmes violé la loi de leur patrie : tandis que cette violation, n'ayant été pratiquée que par une régence et en dépit même du peuple, elle ne peut fournir à la faction qu'un prétexte également faible et ridicule pour cacher ses véritables sentimens, c'est-à-dire, son amour inébranlable pour l'anarchie.

valable que sa propre reconnaissance comme roi de Portugal ;

2°. Que les décrets, ordres, dispositions, lois, etc. ; en un mot, que tout ce que D. Pedro a fait en qualité de roi de Portugal, est nul, *et entre autres choses la constitution qu'il a prétendu donner à ce royaume ;*

3°. Que la reconnaissance que plusieurs cabinets ont faite du droit de D. Pedro, basée sur celle de la régence, ne peut aucunement obliger ces cabinets d'y persister, et qu'au contraire les puissances sont tenues en justice de reconnaître le roi légitime aussitôt qu'il leur est prouvé qu'elles ont été trompées par l'apparence et que l'acte de leur reconnaissance était, comme celui de la régence, une injustice tant contre le roi D. Miguel que contre le peuple portugais.

Ce raisonnement n'est-il pas assez simple? ces conséquences ne sont-elles pas assez naturelles? Certes, on n'a pas besoin de faire de grands frais de logique pour en convenir, et cependant, voilà les trois incidens qui ont embrouillé une question qui, d'après les principes et la marche générale des choses, n'aurait pu éprouver aucune difficulté, et qui ont, plus que toute autre chose, ranimé, encouragé, fomenté l'esprit révolutionnaire des factieux.

Il serait aussi fastidieux qu'inutile de réfuter

toùs les sophismes, et de combattre toutes les absurdités que les factieux ont débitées et débitent encore pour défendre une cause qui réellement n'a pas d'autres moyens de défense ; mais il vaudra la peine d'examiner comment ils s'y prennent pour tirer avantage de l'acte d'abdication de D. Pedro, du cadeau que ce prince a voulu faire à la nation portugaise, d'une charte dont elle ne voulait pas, et de la reconnaissance de D. Pedro par les souverains de l'Europe.

1°. ABDICATION DE D. PEDRO.

Après avoir vu que de droit cette abdication ne signifiait rien, et que par conséquent les droits de la princesse Doña Maria da Gloria ne valaient pas mieux que ceux de l'empereur son père, les partisans de celui-ci (ou plutôt les partisans de la charte par lui octroyée), en présentant au monde l'image d'une jeune princesse innocente et aimable, qui se voit privée, par son proche parent, d'une couronne que son père lui avait cédée, ont tâché d'exciter en sa faveur un sentiment de sympathie qu'ils voudraient faire prévaloir sur les principes éternels de la justice. Nous ne nous refusons pas à par-

tager la sympathie que doit inspirer une princesse à laquelle, dès sa plus tendre jeunesse, on
promet une couronne, sans qu'elle soit en état
de juger par elle-même de la justice ou de l'injustice du titre qu'on lui désigne. Nous plaignons
cette princesse, lorsque nous voyons, qu'à l'âge
de huit ans, on lui fait passer les mers, qu'on
l'expose à tous les périls d'un long et pénible
voyage, non pour lui donner, sous les yeux de
son auguste grand-père, une éducation conve-
nable à son illustre naissance, mais pour la
traîner de pays en pays, et s'en servir comme
d'un moyen de soutenir l'espoir des factieux de
tous les pays ; cet espoir qui insulte la couronne
même dont on flatte sa jeune imagination. Mais
ce sentiment sympathique pourra-t-il influer sur
une question de droit ? le pourrait-il, quand
même cette question ne se trouverait pas déjà
évidemment décidée ? Pourra-t-on exiger qu'un
souverain légitime descende de son trône pour y
faire monter une princesse de neuf ans, seulement parce qu'elle a été trompée par des pro-
messes sans fondement, et qu'on ne peut pas
s'empêcher de la plaindre, à cause de sa grande
jeunesse ? Et lorsque le souverain, qu'on a voulu
priver de son droit pour en revêtir cette princesse, porte la générosité de son cœur jusqu'à
lui offrir sa main royale, jusqu'à vouloir par-

tager son trône avec elle, que reste-t-il à dire à ceux qui affectent un si tendre intérêt? Est-ce que Dona Maria da Gloria, en devenant l'épouse du roi D. Miguel, ne deviendrait pas reine de Portugal; et n'est-ce pas là ce qu'ils demandent avec tant de lamentations? Sans doute! mais elle deviendrait reine légitime, jouissant des droits que les lois du royaume assurent au trône et non une reine apparente, mais esclave en effet d'une faction, comme elle l'eût été avec la constitution de D. Pedro : et voilà ce qui n'entre pas dans les espérances et dans les plans des révolutionnaires. Ils emploient donc tout ce qui leur reste : les mensonges et l'intrigue, la calomnie et les sophismes, pour empêcher le mariage du roi D. Miguel avec Dona Maria da Gloria, et sans s'inquiéter sur le tort qui en résulterait pour cette princesse, s'ils réussissaient à lui faire perdre l'espérance de cette union, ils n'en crient pas moins à la lèze-légitimité, aux droits violés de Dona Maria; ils n'en protestent pas moins de leur attachement pour cette princesse et l'empereur son père.

Mais ils ne sont inconséquens qu'en apparence : leurs discours et leurs actions sont parfaitement d'accord avec leurs véritables sentimens et leurs principes; il ne s'agit que de les comprendre. Ainsi, lorsque vous les entendez crier : Vive D. Pedro ! Vive Dona Maria ! Vive la légitimité ! Traduisez tous ces mots-là par celui de constitution (qui signifie anarchie) : c'est elle seule qu'ils demandent, et ils ne s'en cachent pas. Non seulement ils sont prêts, pour obtenir cette idole, à lui sacrifier les droits de tous les princes de la maison de Bragance, et à couronner tout prince étranger qui voudra être roi de Portugal avec la constitution de D. Pedro ; non-seulement ils en conviennent dans les pays étrangers, mais ils ourdissent encore bien d'autres projets ruineux pour leur malheureuse patrie : tels que de sacrifier ses colonies, de l'attaquer avec des troupes étrangères, etc., afin d'y rétablir une charte qu'ils adorent d'autant plus qu'elle est plus confuse, et qu'elle promet plus positivement le désordre et l'anarchie. Que les hommes impartiaux jugent donc si l'hypocrisie de la faction est manifeste ou non, et si elle mérite qu'on s'en occupe beaucoup.

2°. CONSTITUTION DE D. PEDRO.

En regardant cette constitution sous le point de vue du droit, nous l'avons déjà trouvée nulle, 1°. à cause de la nullité de l'avènement au trône portugais de D. Pedro, et en second lieu, parce que, quand même ce souverain eût été roi légitime du Portugal, il n'aurait pas eu le droit de rien changer aux lois fondamentales de ce royaume, et qu'il aurait eu beaucoup moins celui de les rayer d'un seul trait, et d'y substituer des lois nouvelles, sans le consentement des États de la monarchie. Quant au mérite de cette charte, il serait superflu d'en parler : tout le monde la connaît et sait que c'était l'une des mille et une imitations de la constitution française de 1791, quoique démocratico-aristocratico-monarchique, ne laissant au souverain que l'ombre d'une autorité éphémère, détruisant des droits que la religion, les lois et une possession de temps immémorial avaient sanctionnés, et préparant le bouleversement entier du trône et de l'autel. Elle n'avait, sur toutes les autres constitutions modernes que le seul avantage d'être encore plus confuse que celles-là en ce qu'elle admettait quatre pouvoirs au lieu des trois pouvoirs à la mode, et que ce quatrième pouvoir, d'invention brésilienne, appelé modérateur, n'étant bien compris de personne, était, par cela même, un excellent moyen pour tout embrouiller, et pour fournir aux démagogues des occasions continuelles de remuer, et de profiter à leur manière d'une licence qui devait nécessairement être le fruit de la confusion.

Mais cette charte, toute nulle et toute absurde qu'elle est, sert cependant de moyen aux factieux pour se donner devant le monde l'air de défendre la chose publique et non leurs propres intérêts, et pour calomnier leur souverain légitime.

Ils se flattent d'atteindre le premier de ces buts, celui de gagner la confiance des peuples en paraissant défendre la chose publique, par le moyen d'une fausseté sans exemple, je veux dire par le tableau qu'ils répandent, représentant le Portugal dans un état affreux de souffrances et de misère, puisque la faction n'y distribue plus ses étonnans bienfaits, tableau rempli d'expressions d'amour et de tendresse pour D. Pedro et sa charte, dont ils nous assurent que la popularité est universelle. Quant au prétexte que l'affaire de la charte leur fournit pour calomnier leur souverain, ils l'ont trouvé dans le tombeau que la main aussi ferme que sage du roi leur maître a creusé pour la folie et les chimères de cette charte brésilienne ; ils crient à la mauvaise foi de ce prince, puisqu'il s'est détrompé sur les faussetés qu'ils lui avaient débitées à Vienne, et qu'il a renversé l'idóle et l'autel devant lesquels ils l'avaient obligé de porter d'immenses sacrifices ; ils voudraient rendre odieux le gouvernement de S. M. T. F. pour..... mais, nous y reviendrons incessamment.

Voyons d'abord ce que c'est que la prétendue

popularité de **D.** Pedro et de sa constitution.

Il serait certainement à désirer que tous ceux qui, capables de former un jugement impartial, demandent à connaître l'état de l'opinion publique en Portugal, pussent y aller, ne fût-ce que pour y passer un ou deux mois. Certes! ils s'en retourneraient dans leur patrie en se moquant des impudens crieurs qui tâchent partout de tromper le monde; ils désabuseraient les crédules qui ajoutent foi aux plus grandes absurdités qu'on leur débite, et ils leur feraient connaître ces détestables provocateurs de haine et d'erreurs, ainsi que le démon qui les excite à la cabale mensongère; mais comme malheureusement tous ceux qui désirent de connaître la vérité ne peuvent pas l'aller voir de leurs propres yeux, le seul moyen pour y parvenir sera d'examiner les faits qui sont notoires, et de faire là-dessus ses raisonnemens et ses conclusions d'après les règles générales du calcul des probabilités morales.

D'abord personne ne doutera que la nation portugaise n'ait été aussi vivement indignée de la conduite de **D.** Pedro envers le roi, son père, que le fut alors tout le reste du monde civilisé. Mais comme le déchirement de la monarchie portugaise, dû à ce prince, comme la guerre qu'il fit à sa patrie, eurent pour celle-ci les conséquences les plus ruineuses, il faudrait que les Portugais fussent différemment organisés de tous les autres mortels, s'ils n'avaient pas ressenti, contre l'auteur de leurs maux, une animosité aussi vive qu'elle était juste; et si, au contraire, les forfaits de D. Pedro contre son père et sa patrie, lui avaient valu l'attachement de ce peuple, c'est-à-dire, s'il y avait acquis cette prétendue popularité.

La libéralité de Messieurs les libéraux va-t-elle jusqu'à dire que D. Pedro n'ait pas été en ce temps l'objet de l'exécration de tous les patriotes portugais? Elle ne l'oserait. Mais ce qu'ils prétendent, c'est que le Portugal étant, d'un bout à l'autre, illuminé par les beaux principes de la révolution, D. Pedro n'avait qu'à donner une preuve de son attachement pour ces principes, pour que toute la nation changeât tout-à-coup d'opinion à son égard, et qu'au lieu des noms d'ennemi et de destructeur de la monarchie, qu'elle lui avait donnés jusque-là, elle lui vouât, dès le moment où elle le reconnut comme *libéral*, les noms de père et de sauveur de la patrie.

Pour juger de la probabilité de cette assertion, il faudra qu'on regarde un peu de près ce que les ennemis de leur roi appellent les lumières du Portugal, c'est-à-dire, l'existence, généralement propagée en ce pays, des principes révolutionnaires. Voyons donc comment le peuple portugais s'y est pris pour prononcer son adhésion à ces principes, dans les différentes révolutions qui malheureusement ont eu lieu en ce royaume, et formons notre opinion après avoir contemplé les faits.

Quelque temps après la révolution militaire de l'île de Léon, plusieurs chefs portugais, excités par l'exemple des chefs espagnols, séduisent à Oporto la garnison de cette ville, et s'y révoltent contre leur souverain alors absent ; ils renversent les lois du pays, et vont, l'épée à la main et joints par quelques troupes de Lisbonne, y établir une constitution encore plus insensée que celle qui leur servit de modèle.

S. M. D. Juan VI accourut de l'autre hémisphère pour tranquilliser son royaume européen. Mais les militaires factieux avaient déjà bouleversé tout, la constitution monstrueuse était déjà en pleine vigueur, et le bon roi, croyant que c'était son peuple qui l'avait demandée, s'y soumit, sans seulement essayer de rétablir ses droits et les lois anciennes du Portugal.

Cependant qu'arriva-t-il ? Les amis de la légitimité et de l'ordre, ne pouvant obtenir du roi de terrasser, en se mettant à leur tête, le monstre informe, qu'ils savaient n'avoir d'autres défenseurs qu'une poignée de factieux, se rangent

autour d'un jeune prince plein de courage et
de dévouement, pour défendre les droits de la
couronne de son père, et qui, d'un seul coup
de hardiesse et d'énergie, anéantit l'ouvrage au-
quel les factieux avaient travaillé depuis des années. Cette contre-révolution se fit sans tirer un
coup de fusil, sans verser une goutte de sang,
et sans que le peuple portugais fît, nulle part
dans le royaume, la moindre démonstration de
favoriser ni la faction révolutionnaire, ni ses
principes. Cet événement a-t-il besoin de com-
mentaire, ou bien ne prouve-t-il pas que l'esprit
en général des Portugais s'opposait aux institutions anarchiques des révolutionnaires? Il est,
à la vérité, assez naturel que les factieux, ayant
perdu, depuis ce temps, tout espoir de jamais
prospérer sous le règne de D. Juan VI, ni sous
celui de D. Miguel, qui s'était montré déterminé
à ne point souffrir leurs menées, aient pu oublier, ou faire semblant d'oublier, les torts de
D. Pedro contre sa patrie; il est assez naturel,
disons-nous, que les amis de l'anarchie, voyant
que D. Pedro avait déjà, pour s'assurer le trône
brésilien, prouvé qu'il était capable de sacrifier
jusqu'aux droits de la souveraineté, pourvu qu'il
en gardât les honneurs et l'apparence, lui aient
dès-lors décerné la couronne portugaise. Mais il
n'est nullement naturel d'appeler peuple portu-

gais une poignée de factieux qui aimeraient à se faire passer sous ce nom respectable, ni de croire qu'une nation qui avait prouvé son attachement à ses institutions anciennes, ait voulu, peu d'années après, qu'on lui donnât un roi et une constitution qui se trouvent en opposition directe avec les lois auxquelles elle s'était montrée si attachée. Mais il est superflu de faire là-dessus des conjectures, lorsque des événemens postérieurs à ceux dont nous venons de parler, mettent l'observateur, qui cherche la vérité, parfaitement à même de juger si le peuple portugais a changé de principes et de sentimens, et si, de purement royaliste et ami de ses lois, il est devenu amoureux des théories révolutionnaires; en un mot, s'il veut ou s'il ne veut pas du souverain et de la charte brésilienne. A peine la constitution aux quatre pouvoirs fut-elle arrivée en Portugal, à peine les autorités, mises dans une étrange perplexité de devoirs réels et de devoirs apparens, y eurent-elles établi ce nouveau code, que des révolutions partielles éclatèrent presque dans toutes les provinces du royaume. Le peuple, qui n'avait jamais fait le moindre mouvement *en faveur* de la première constitution libéralissime, se souleva partout contre la seconde, contre ce cadeau que D. Pedro voulait lui faire, qu'il avait rédigé pour lui dans l'autre hémisphère, rédigé lui même, n'étant aidé, à ce qu'on assure, que par le Solon du Brésil, le célèbre Chalaça (1); et ces révolutions qui, en même temps, embrasèrent les parties du royaume les plus éloignées, ne furent que faiblement supprimées par la force des armes sous les ordres des généraux Saldanha et Villaflor, chefs de la faction, et par l'apparition subite d'une armée anglaise, qui, malgré toutes ses protestations, avait tout l'air de vouloir protéger les nouvelles institutions contre les défenseurs de la légitimité, et les prétentions d'un prince étranger contre les partisans loyaux d'un prince portugais. Mais supposons même que l'influence des Anglais n'y ait été pour rien. et que les factieux aient pu seuls soumettre, par la baïonnette, le peuple portugais au joug d'une constitution étrangère, croira-t-on pour cela que le retour de l'infant D. Miguel à Lisbonne eût été suffisant pour y rétablir l'ordre et la légitimité, et pour en exiler à jamais les lois brésiliennes avec la faction qui les défendait, s'il n'y avait pas eu en Portugal une majorité immense en faveur des droits de ce prince et des

______

(1) *Vide* : Chronique scandaleuse de la cour de Rio-Janeiro.

lois fondamentales du royaume. Croira-t-on que les révolutionnaires qui, à l'arrivée de D. Miguel, se trouvaient maîtres de la force armée, des places, etc., etc., eussent été obligés de fuir devant l'ascendant de ce souverain, si lui et les principes qu'il protégeait, n'avaient pas été reconnus comme légitimes par le peuple entier? Croira-t-on qu'ils seraient allés s'expatrier, s'ils n'avaient pas vu la détermination de ce peuple et craint sa vengeance? D'ailleurs, n'ont-ils pas déclaré eux-mêmes que l'opinion générale de la population d'Oporto et des provinces, les avait obligés à abandonner cette ville sans coup férir, lorsqu'ils avaient encore trois ou quatre mille hommes pour s'y défendre? Et cette lâcheté serait-elle concevable s'ils n'avaient pas senti qu'au lieu d'avoir à combattre l'armée seule du roi, quoique victorieuse, ils auraient eu bientôt tout le peuple levé en masse contre eux, s'ils n'avaient pas cédé, et qu'infailliblement ils en auraient été écrasés, s'ils n'avaient pas cherché le salut dans la fuite.

Mais le peuple portugais ne s'est pas contenté de déclarer par des faits et des acclamations son adhésion aux lois, sa loyauté pour le prince qu'elles lui désignaient comme son souverain légitime; il a fait plus, il a envoyé tout ce qu'il a de plus illustre en citoyens et de plus digne de sa confiance, manifester à Lisbonne, par un acte solennel, sa détermination de soutenir les droits de la couronne et de la loi portugaise. Ses illustres députés ont prononcé cette volonté universelle, et l'acte qu'ils en ont passé, l'*assento* des trois Etats réunis à Lisbonne, le 11 juillet 1828, est une preuve tellement incontestable de la détermination nationale, qu'elle ne saurait laisser le moindre doute sur ce point de la question.

Comment donc est-il possible que les factieux essaient encore de persuader le monde de la popularité en Portugal de D. Pedro et de sa constitution? Mettez ce cri de popularité avec celui de légitimité, dont la signification vous est connue, lorsque vous l'entendez proférer par la bouche de la faction, interprêtez-le de même, et vous aurez la solution de cette énigme : c'est que la mauvaise foi pousse l'un et l'autre pour vous abuser!

Nous avons dit que la charte de D. Pedro avait donné à la faction révolutionnaire l'occasion de calomnier le souverain légitime du Portugal, pour rendre son gouvernement odieux ; et que les engagemens contractés par ce prince pendant son séjour à Vienne, avaient fourni à ses ennemis le prétexte sous lequel ils ont commencé de crier à la mauvaise foi du roi D. Miguel dès qu'il déclara ses sentimens relativement à la charte brésilienne, c'est-à-dire dès qu'il rétablit en Portugal les lois que ses ancêtres y avaient respectées depuis sept siècles.

En nous tenant toujours à l'examen des faits historiques, nous découvrirons encore cette fois si ces accusations sont mieux fondées ou non que les autres déclamations des soi-disant défenseurs de la légitimité.

Le roi D. Juan VI meurt; l'héritier légitime de la monarchie est l'infant D. Miguel. Mais ce prince, malheureusement absent du royaume, ne peut ni juger de ses droits ni les défendre. Une régence, nommée par le feu roi, déclare héritier de la monarchie un prince qui avait cessé de l'être. Cependant, celui-ci mettant à profit l'erreur de la régence, accepte la couronne de Portugal, et sachant qu'il ne saurait la garder, l'abdique en faveur de sa fille, sans conviction toutefois que le Portugal accepterait une constitution nouvelle qu'il lui envoie, et qui est destinée à garantir à sa fille la possession de cette couronne; car la constitution ancienne du royaume se trouve en contradiction ouverte avec la succession au trône portugais de D. Pedro et de ses héritiers. L'empereur du Brésil sachant également bien que ces lois donnaient un titre ineffaçable à son frère, l'infant D. Miguel, pour monter sur le trône, il offre à ce prince, afin de le réconcilier avec la perte de son droit, la main de la princesse qui doit usurper sa couronne ; et , ce qui est très remarquable , il déclare que ce mariage est la seconde condition *sine quâ non* de son abdication (1) !

L'offre et les conditions étant proposées à D. Miguel , il les accepta ; mais dans quelles circonstances les accepta-t-il ? Ce prince , lorsqu'on lui fit ces propositions , se trouvait à la cour d'un souverain étranger , souverain qui avait déjà reconnu D. Pedro comme roi de Portugal , ainsi que la légalité de son abdication en faveur d'une princesse *qui est sa petite-fille*. D. Miguel se trouvait , pour ainsi dire , au pouvoir de la cour de Vienne , et il serait bien difficile de dire si ce prince était libre , en de pareilles circonstances , de refuser le parti qu'on lui offrait , ou s'il n'était

---

(1) En supposant que l'empereur du Brésil eût été roi légitime du Portugal , on trouverait naturel que , dans le cas de son abdication en faveur d'une princesse mineure , il eût nommé son frère , l'infant D. Miguel , régent pendant la minorité; mais comment concevoir son abdication et la nomination subséquente d'un régent , *sous la condition précise d'une constitution qui renverse les lois anciennes du royaume, et d'un mariage du régent avec la reine mineure* , sans y voir un aveu tacite de l'empereur , de la faiblesse de ses droits , ou plutôt de l'injustice de ses prétentions?

pas moralement contraint d'accepter toutes les conditions qu'on lui imposait , sous peine de perdre jusqu'à l'espérance de revoir sa patrie. Et cependant l'on ne niera pas que tout engagement ne peut être obligatoire que lorsqu'il a été contracté avec une liberté parfaite des parties qui l'ont formé. Mais supposons que l'infant ait été entièrement libre, et que la cour de Vienne n'ait voulu que le persuader, mais nullement l'obliger à accepter le parti que D. Pedro lui offrait : ne serait-il pas hautement probable qu'on lui aurait laissé ignorer bien des choses qu'il eût été intéressant pour lui de connaître? Ou que de faux rapports sur les affaires du Portugal, envoyés par la faction qui alors y régnait , lui auraient fait voir les choses sous une lumière défavorable à ses droits, pour l'induire à accepter la régence et la constitution? Que si , par exemple , on eût dit à ce prince : « Toute la nation portugaise reconnaît unanimement D. Pedro comme son roi , et accepte les institutions qu'il lui a données ; les droits de Votre Altesse Royale n'existent plus, puisque les lois sur lesquelles ils étaient fondés n'existent plus , et que l'anéantissement de ces lois est d'accord avec les vœux de la nation. » Réellement, en ce cas , l'infant D. Miguel devait préférer la régence à la perte de tous les droits de sa naissance.

Croire que ce prince se soit considéré comme parfaitement libre de choisir, qu'en même temps il ait été instruit du véritable état des choses en Portugal (où la majorité des habitans s'était déjà prononcée en sa faveur et contre le souverain et la charte étrangers), et que, malgré tout cela, il se soit résigné à être régent constitutionnel, contraire à la loi et aux vœux des Portugais, au lieu d'être roi sans constitution étrangère, de conformité avec la loi et les vœux d'une immense majorité du peuple : croire pareille chose, c'est à quoi le sens commun se refuse ; exiger qu'on la croie, c'est vouloir mettre la raison à la torture, et c'en est trop, messieurs les libéraux ; ne poussez pas votre libéralisme jusqu'à demander aux autres une abnégation dont vous êtes si éloignés vous-mêmes !

Et pourtant il n'y a pas à opter : il faut nécessairement ou tomber dans cette absurdité, ou convenir que les engagemens qu'a pu contracter D. Miguel sont sans valeur et ne l'obligent à rien ; car, soit qu'il les ait formés sous l'influence de la contrainte morale, soit sous celle de l'erreur où on l'avait induit : dans l'un comme dans l'autre cas, ces engagemens seraient nuls, puisque tout ce qui n'est pas légal est nul, et que rien n'est légal de ce qui a été ou influencé par la force ou produit par la ruse et le mensonge. Il s'ensuit de tout ceci que les engagemens obtenus de D. Miguel par l'un ou l'autre de ces moyens, ne pouvaient plus le lier en rien, aussitôt qu'il se vit en liberté de déclarer sa volonté ; ou aussitôt que, mieux instruit sur les affaires de son royaume, il reconnut qu'on l'avait trompé. Mais, à propos de mauvaise foi, ne pourrait-on pas demander à ceux qui en accusent le monarque portugais, quelle était la foi de l'empereur D. Pedro, lorsqu'il prétendit ordonner à son illustre frère de se rendre à Rio de Janeiro ; et pourquoi, s'il connaissait lui-même, comme tous ses arrangemens le prouvent, l'incertitude de son droit, il ne s'en remit pas à la décision des États du royaume plutôt que de les anéantir ? Ne pourrait-on pas de même demander à ceux qui obligèrent l'infant D. Miguel de rester à Vienne jusqu'à ce qu'il eût souscrit aux engagemens dont nous avons parlé, et qu'il eût accepté la feuille de route qu'on lui donna pour son voyage, ne pourrait-on pas leur demander quelle était, s'ils regardaient D. Miguel comme rival de D. Pedro, leur impartialité et leur bonne foi, lorsqu'au lieu de prendre tant de précautions, ils devaient, après la mort du roi D. Juan VI, laisser l'infant maître de retourner aussitôt dans sa patrie, et d'y faire décider par la nation portugaise une question qu'elle seule pouvait avoir le droit de résoudre ! En agissant ainsi , combien de maux et de sang n'auraient-ils pas épargnés au Portugal ? combien de haines et de calomnies à la justice ? combien de soucis et de momens amers aux deux augustes frères en litige, et à tous ceux de leurs sujets dont la loyauté consiste en quelque chose de plus que les déclamations ?

Nous revenons à la matière pour faire aux ennemis de S. M. T. F. une concession à laquelle certainement ils n'ont pas le droit de s'attendre : Nous leur accorderons tout ce qu'ils demandent relativement aux engagemens de Vienne , c'est-à-dire que ces engagemens ont été formés avec la plus parfaite bonne foi de part et d'autre; qu'aucune contrainte, aucune déception ne les ont influencés, et qu'il n'y a pas un mot à y redire. Mais en récompense de notre générosité nous exigeons de nos adversaires, qu'au moins pour cette fois, ils soient conséquens à l'un de leurs propres principes , au principe de l'inviolabilité des constitutions ou lois fondamentales des États, à ce principe qui défend aux princes de toucher aux constitutions de leurs monarchies, et qui va jusqu'à proclamer le droit du peuple de se soulever contre un souverain qui voudrait violer la loi fondamentale du pays. Si messieurs les libéraux ne s'avisent pas de nier ce principe, ou si leur imagination toujours féconde en subterfuges

spécieux n'en invente pas quelqu'un qui montre
des exceptions à cette règle, ils nous permettront
d'en faire l'application au cas présent. Quel en
sera le résultat? Ce sera infailliblement que l'infant D. Miguel ne pouvant remplir les conditions
auxquelles il avait souscrit à Vienne, *sans violer
les lois fondamentales du Portugal*, et ne pouvant violer ces lois sans se rendre aussi coupable
envers son peuple que l'empereur son frère l'était
déjà, il devait, dans l'alternative où il se voyait
de respecter la loi de son royaume, ou de la violer, choisir le premier parti, c'est-à-dire respecter la loi plutôt que des compromis formés avec
des étrangers. Nous avons déjà vu que D. Juan
n'avait pas eu le droit de reconnaître D. Pedro
comme héritier de la couronne, parce que c'était
une violation de la loi fondamentale du royaume:
de même avons-nous trouvé que la régence nommée par D. Juan VI avait commis une violation
de cette loi, et que par conséquent l'acte par lequel elle l'avait commise était nul en droit: par la
même raison nous sommes-nous convaincus que
la constitution de D. Pedro aurait été illégale,
quand même ce prince eût possédé à juste titre
la couronne portugaise. Et après avoir reconnu
l'illégalité de ces différens actes arbitraires, comment nous persuaderons-nous que l'infant D. Miguel, devenu héritier légitime de la monarchie,

ait pu, en vertu d'engagemens, conventions ou traités, quels qu'ils soient, conclus avec des puissances étrangères, priver le royaume de ses lois fondamentales, y établir un ordre de succession contraire à la loi, et sanctionner l'acte d'un prince étranger, par lequel celui-ci avait détruit le Code et les droits du pays pour y substituer un Code nouveau et des institutions brésiliennes? Mais si D. Miguel a senti cette vérité, peut-on accuser ce prince d'avoir agi de mauvaise foi, lorsqu'il ne permit pas que des engagemens où il s'était laissé entraîner hors de son royaume, en réglassent les affaires en dépit de ses lois et de son peuple, et ne doit-on pas plutôt questionner la bonne foi de ceux qui l'avaient fait souscrire à des conditions que ce prince ne pouvait remplir qu'en violant la justice? Nous aimerions bien à voir et à entendre les accusateurs du roi D. Miguel, si l'empereur du Brésil s'engageait un jour par des traités avec quelque puissance étrangère à changer ou abolir la constitution brésilienne! crieraient-ils encore à la foi des engagemens ou ne se serviraient-ils pas plutôt du même raisonnement par lequel nous venons de prouver la nullité de tout engagement qui est contraire aux lois? Il est donc évident que leurs cris et leurs déclamations ne sont en ce cas, comme dans tous les autres, qu'une nouvelle preuve de leur propre mauvaise foi, et que ce serait une folie d'y faire la moindre attention. La calomnie n'a jamais manqué de couvrir d'opprobre le calomniateur, elle n'y manquera pas en cette occasion où elle est si manifeste !

5ᵇ. RECONNAISSANCE DE D. PEDRO

COMME ROI DU PORTUGAL,

PAR LES PUISSANCES EUROPÉENNES.

Si les cabinets d'Europe ont reconnu D. Pedro comme roi du Portugal, ça été sur la simple apparence d'un droit que des actes nuls en eux-mêmes avaient pu lui donner; car le droit de sa primogéniture avait été perdu long-temps avant sa reconnaissance, en vertu des lois fondamentales du royaume. Cette reconnaissance était donc fondée sur une erreur; une erreur ne se répare pas en y persistant, il faut pour la réparer en annuler les effets qui ne sauraient être légaux, c'est-à-dire que les puissances sont moralement obligées de rétracter leur reconnaissance de D. Pedro, effet d'une erreur, et de reconnaître comme roi du Portugal le prince qui, en conformité des lois portugaises et de la décision des États de son royaume, en porte la couronne et qui, par conséquent, est le roi légitime. Les puissances européennes n'ont-elles pas, pendant sept siècles, reconnu les cortès de Lamego comme la source de la légitimité des monarques portugais? comment donc pourraient-elles maintenant dévier de ce principe de justice qui n'a jamais été contesté? comment pourraient-elles, sans être accusées de la plus énorme inconséquence, persister à considérer comme roi du Portugal un souverain que ces cortès, source de la légitimité, rejettent, et refuser de reconnaître un prince que cette même autorité respectable a désigné comme son roi légitime? L'un de ces princes commence son règne éphémère par la destruction des lois, et de l'autorité qui doit les interpréter et les appliquer; l'autre, n'écoutant pas les acclamations que la voix unanime de son peuple fait éclater pour le saluer comme son souverain, refuse d'accepter une couronne que les lois et les vœux de la nation lui offrent, et ne se résigne à monter sur le trône qu'après en avoir été supplié par ces cortès qui y avaient élevé ses ancêtres, et dont la décision a été toujours sacrée pour les rois du Portugal.

Lequel de ces deux princes est donc le roi légitime des Portugais? La réponse est évidente.

Nous terminons ces réflexions par le passage suivant d'un document, preuve de la sagesse et de la modération de ceux qui ont la gloire de l'avoir signé, document dont la validité est inattaquable, à moins qu'on n'aille détruire tout ce qu'il y a de juste, de légitime, de sacré parmi les hommes. Le document est l'*assento* des cortès de Lamego assemblées à Lisbonne, en juillet 1828.

Malheur à l'Europe, si elle n'écoutait pas les justes réclamations du peuple portugais! Si ses princes ne s'empressaient pas de sanctionner encore une fois le principe sacré de la légitimité, pour prouver qu'il est inaltérable! Bientôt les factions de tous les peuples, ayant remporté cette première victoire, se rassembleraient comme autrefois sous l'étendard de la révolution : l'hydre renaîtrait dans le premier tombeau de la légitimité; et peut-être réussirait-elle un jour à embraser le monde entier des flammes de la guerre civile ! Alors les souverains se repentiraient, mais trop tard, d'avoir pour un moment ajouté foi aux protestations perfides d'une faction astucieuse et de s'être relâchés un instant sur le maintien de l'ordre social qu'ils ont si sagement proclamé et défendu jusqu'à présent.

Voici ce passage de l'*assento* des cortès de 1828 :

« L'on conteste ou prétend contester les droits du roi notre maître et ceux de la nation portugaise, en nous disant que la reconnaissance de D. Pedro, comme roi de Portugal, faite par les souverains d'Europe, est une matière de droit et non seulement de fait. » Les trois États doivent et aiment à s'abstenir ici de répondre à cette assertion d'une manière qui ne soit pas parfaitement modérée et dont le respect dû aux souverains et la gravité de la question puissent être offensés? Mais comme ce même respect dû aux souverains, exige d'y répondre, les trois États le font ainsi qu'il suit : « Les trois États savent que la faction turbulente et téméraire, mettant perfidement en usage les mots *lois anciennes*, *loi naturelle*, *primogéniture*, a trompé les puissances européennes, qui, restant sagement fidèles à leur noble système de légitimité, reconnurent, sans s'en apercevoir, et appuyèrent par leur reconnaissance la plus énorme violation des lois, la plus manifeste insulte qu'on ait jamais faite au grand et respectable principe de la légitimité. Mais en cela les États n'aperçoivent que l'imposture au moyen de laquelle on a trompé les puissances, ou, pour mieux la qualifier, un crime de plus des factieux qui sont toujours prêts au crime. Mais est-ce qu'une imposture ou un nouveau crime des factieux pourront préjudicier aux droits du roi et aux nôtres? Si les puissances européennes daignaient répondre à cette question, certainement elles répondraient que non ! »

Ce qui reste donc à faire c'est de demander aux puissances et d'espérer de leur sagesse et de leur justice, comme les trois États l'espèrent avec confiance, qu'elles entendent sur les affaires du Portugal, et surtout en ce qui regarde ses lois fondamentales, le témoignage solennel de la nation portugaise, plutôt que les sophismes et les insinuations perfides d'une faction; sûrs qu'elles n'hésiteront pas, en agissant de cette sorte, de réformer bientôt leur jugement sur les prétendus droits de D. Pedro à la couronne de ce royaume.

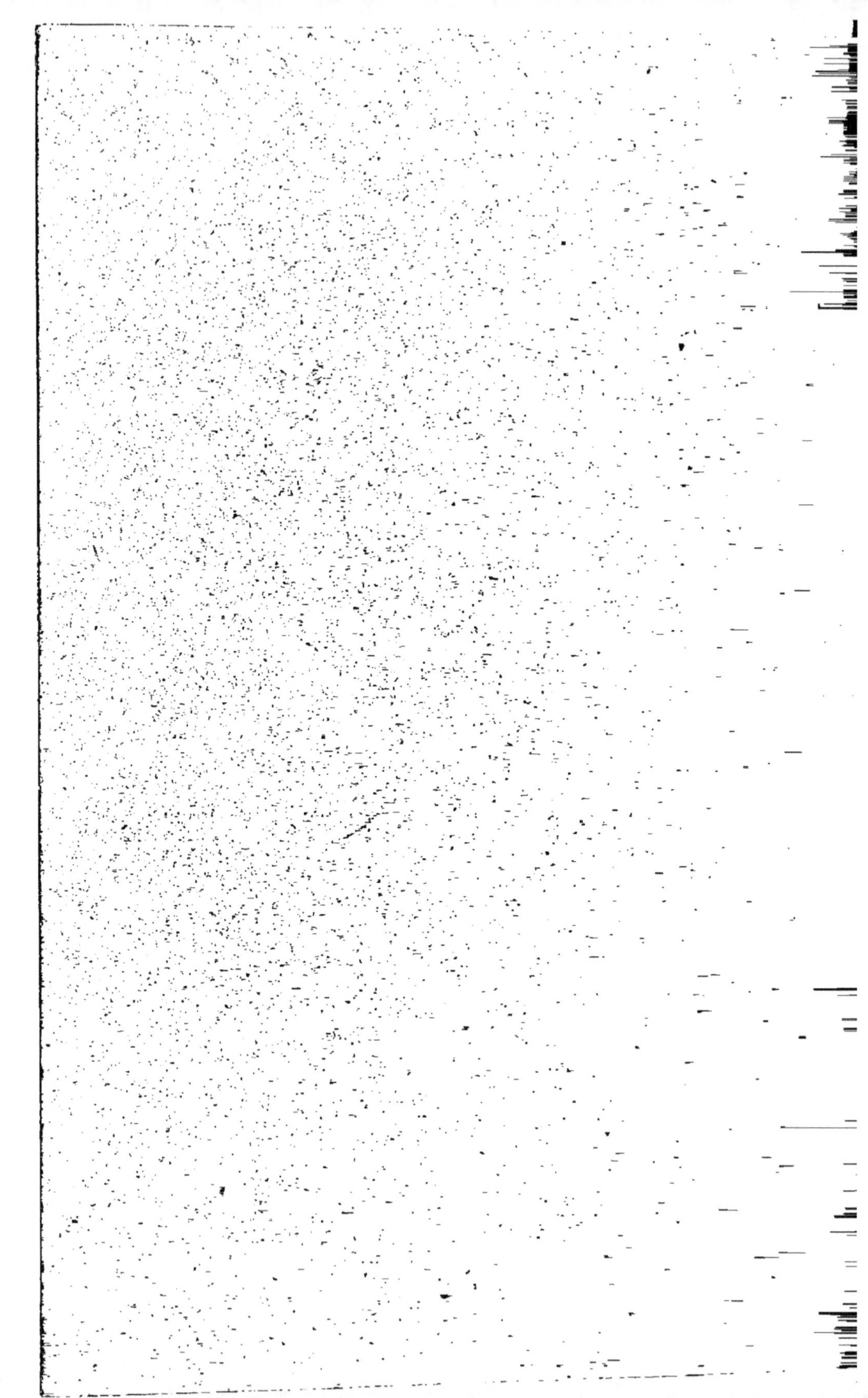

www.ingramcontent.com/pod-product-compliance
Lightning Source LLC
Chambersburg PA
CBHW061217030726
47595CB00004B/1286